ESSAI

D'APPRÉCIATIONS GÉNÉRALES

EN NUMISMATIQUE

PAR

ADRIEN DE LONGPÉRIER.

Membre de la société royale des Antiquaires de France, correspondant de l'Institut
archéologique de Rome et de la Société numismatique de Londres.

PARIS

IMPRIMERIE DE E. DUVERGER,

RUE DE VERNEUIL, Nº 4.

1840

ESSAI

D'APPRÉCIATIONS GÉNÉRALES

EN NUMISMATIQUE.

(Extrait du xve volume des Mémoires de la Société Royale des Antiquaires de France.)

Le nombre d'excellents livres qui traitent des médailles est grand, sans doute, mais tous, on peut le dire, sont conçus dans le même sens; c'est-à-dire que, quelle que soit la forme particulière sous laquelle chaque auteur présente la description des monuments numismatiques qu'il nous fait connaître, c'est toujours l'analyse qui en est le principe. Aujourd'hui, après deux siècles de travaux analytiques, ne serait-il pas possible de résumer ce que la science a déterminé et adopté comme constant, et de tirer de l'observation de cet ensemble certaines règles propres à faire juger les faits ultérieurs? C'est du moins ce que nous avons tenté, et, en présentant à la Société cet essai, qui n'est en quelque sorte que le plan d'un ouvrage plus considérable que nous avons le désir de publier, nous réclamerons une indulgence à laquelle cependant notre zèle peut seul nous donner quelques droits.

Nous avons cru devoir diviser notre travail en deux parties, la première traitant des types, et la seconde devant être consacrée à l'étude des légendes qui se lisent sur les monnaies.

Maintenant nous ne nous occupons que de ce qui regarde les types, et avant tout nous devons définir ce mot. On nomme type, en numismatique, l'image, l'objet, l'arrangement des figures, en un mot le sujet que représente une monnaie ou une médaille. Chaque jour on acquiert de nouvelles preuves des fruits que peuvent retirer les sciences historiques de l'examen des types que portent les médailles; mais l'on ne s'est pas attaché à établir des notions générales qui facilitassent l'appréciation du type en fixant les diverses valeurs qu'il convient de lui attribuer suivant l'ordre d'idées auquel il doit son origine, suivant l'époque à laquelle il appartient; et bien souvent, faute de tenir compte de ces circonstances, il est arrivé que l'on a appliqué à un type une signification que ne comportait pas sa nature. De là de conséquences absurdes qui sont venues frapper discrédit des documents précieux qu'une étu mieux entendue, basée sur un système raiso et d'une application générale, eût pu vivifi présenter dans toute leur valeur. Nous n' prendrons pas de donner la nomenclature, même abrégée, des types de médailles; un tel travail, quelque utile d'ailleurs qu'il puisse être, ne saurait trouver place ici; mais nous essaierons de tracer le tableau des modifications que le type a subies dans son essence, persuadé que nous sommes de la nécessité de cette méthode pour bien saisir le sens des médailles, ces pages écrites où l'art a su rendre merveilleusement significatifs les représentations les plus petites, les types les plus restreints dans leurs dimensions.

Et d'abord, on ne doit pas oublier qu'à l'origine de la monnaie le type n'avait d'autres fonctions que de donner une valeur légale au morceau de métal qui en recevait l'empreinte. Ceci explique la simplicité, nous dirons presque l'insigni- nce des premiers types, qui n'avaient d'ailleurs n seul côté des monnaies pour se produire. Cet choses ne fut pas de longue durée; avec les nnements introduits dans l'exécution ma- s monnaies se présente un changement ent important; la religion, la science, type des monnaies, s'en font un unication avec le vulgaire illettré; moment un but, une obligation tion des phénomènes de l'u- sion des forces génératrices re dans l'esprit des pre- nes idées qui furent la nt ces idées que l'on s'attacha d'abord à exprimer dans les arts par des symboles qui ont perdu une partie de leur sens pour nous et dont cependant une intelligente appréciation nous fait quelquefois reconnaître la portée. Bien qu'il faille admettre quelques rares exceptions, si nous considérons que le type des monnaies antiques nous retrace d'une manière plus ou moins détournée les mythes particuliers à chaque contrée, les idées dominantes d'un peuple, nous comprendrons bien vite que c'est à ces précieuses images qu'il nous faut redemander les éléments nécessaires pour reconstruire le colosse de la pensée antique.

Le caractère sacré des premiers types devait leur assurer une longue durée, et c'est en effet ce qui arriva.

La persistance de certains types à travers les âges n'est pas une bizarrerie du goût des peuples; c'est la conséquence de leurs institutions. Tant que l'art demeura subordonné à la direction sacerdotale, tant que la reproduction d'un type consacré à l'expression d'une idée religieuse fut regardée comme un acte pieux, l'exactitude la plus rigoureuse dut présider à la composition des sujets que portent les médailles.

Les graveurs, comme les statuaires, comme les peintres, à Egine, à Rhodes, se renfermaient dans certaines limites que le culte posait à l'art, et qui donnaient à leur style une unité toute hiératique et toute stationnaire. L'école novatrice de Phidias rencontra l'opposition la plus vive de la part des premiers d'entre les Grecs par le rang, par l'intelligence.

Aux yeux de Platon, ce génie immense, l'immutabilité de l'art égyptien, c'était la perfection; et en exprimant cette idée le philosophe ne faisait que confirmer les règles établies par les législateurs de sa patrie. A Thèbes aussi la loi enjoignait aux artistes, sous peine d'amende, l'exacte observation des anciens types. On ne s'étonnera donc point de voir le plus inconstant des peuples anciens conserver pendant huit siècles le même type. Alors que les symboles des autres villes disparaissaient de la monnaie, la vierge d'Athènes ne céda pas sa place aux maîtres du monde. Cet attachement des peuples pour le type de leurs monnaies ne s'explique que par la valeur religieuse de ces représentations; ainsi se trouve exclus le système de quelques antiquaires, qui ne voient dans certains types, très certainement mythologiques, tels que des animaux, des plantes, qu'une allusion à la fertilité de la contrée, qu'un échantillon des productions du pays. C'est méconnaître le génie de l'antiquité que de s'arrêter à un sens aussi étroit. On conçoit facilement que chaque peuple ait souvent exprimé ses idées au moyen des objets qui se trouvaient le plus à sa portée; que, suivant sa position, l'un ait vu dans un poisson, l'autre dans un épi, un symbole de la génération; mais encore une fois il est impossible de croire qu'au-

cune ville ait voulu enseigner à la postérité que
son territoire était fertile en céréales, que son
port regorgeait de poisson.

J'insiste sur ce point, parce que je regarde
comme une erreur déplorable l'opinion qui ten-
drait à transformer les médailles antiques en autant d'enseignes de marchands, en autant de
mercuriales tarifant la disette et l'abondance.

D'ailleurs, en suivant cette manière de raison-
ner, que fera-t-on du lion des monnaies de Capoue,
de Vélie, de Marseille, de Reims, toutes villes où
cet animal n'a pu exister que par *importation ?*
Voudra-t-on y voir un emblème du courage, de
la force des habitants de ces villes? Autre erreur;
si telle eût été la signification de ce type, toutes
les villes ne l'eussent-elles pas adopté avec em-
pressement; et que devrait-on penser de celles
qui en avaient choisi de nature à réveiller une
idée tout opposée? Dira-t-on que les habitants
d'Argos étaient des lâches et des pillards parce
que leur monnaie a pour type un loup.

Lorsque l'animal, la plante, l'objet que représente une médaille n'est pas l'attribut d'une divinité, il faut examiner si ce n'est pas par sa forme
ou par son nom qu'il est significatif; certaines
plantes, par exemple, étaient prises comme symboles de l'idée que leur forme faisait naître[1]. Bien

_____

(1) Je ne rappellerai ici que le grain d'orge était un symbole
féminin de la génération que parce que je trouve par là l'occa-
sion de consigner un exemple curieux de la perpétuation des

plus souvent encore le type n'était qu'une expression phonétique du nom du peuple, de la ville qui l'avait adopté ; j'en citerai plusieurs exemples. Les monnaies des Phocéens de l'Ionie et de la Gaule portent un phoque, φώκη ; celle des Phéniciens de Tyr un palmier, φοῖνιξ, ou la coquille de pourpre, φοίνικες ; celles de Crithote des épis d'orge, κριθή ; on trouve une chèvre, αἴξ, gén. αἴγος, sur les monnaies d'Ægée, d'Ægine, d'Ægos-Potamos, d'Ægira ; un cœur, καρδία, sur celles de Cardia ; une clef, κλειδίον, sur celles de Clides ; une grenade, σίδιον, sur celles de Side ; une pomme, μῆλον, sur celles de Melos ; une rose, ῥόδον, sur celles de Rhoda et de Rhodanusia ; un coude, ἄγκων, sur celles d'Ancona ; une feuille de persil, σέλινον, sur celles de Selinonte ; un renard, ἀλώπηξ, sur celles d'Alopeconesus. Les savantes recherches de M. J. de Witte ont prouvé que le lion des médailles de Milet et de Vélie était encore un type parlant[1].

C'est ici le lieu de citer les types obscènes que l'on voit sur quelques médailles antiques. Les pièces frappées dans le mont Pangée, à Eione, à Amphipolis, dans l'île de Thasos, à Lampsaque,

idées antiques. Je tiens de mon ami Ali ben Hamdan, d'Alger, que dans les montagnes des Beni Djénad, où l'on fait encore des sacrifices de moutons à la manière des anciens, les cheïks prononcent des paroles sur des grains d'orge que les femmes portent ensuite à leur cou dans le but de devenir fécondes.

(1) *Annales de l'Institut archéol.*, t. VI, p. 343. *Revue numismatique*, t. III, p. 8.

présentent des sujets que nos idées modernes ont peine à reconnaître pour des images religieuses et qui pourtant n'avaient pas d'autre signification[1].

Outre le type principal, qui occupe le centre et pour ainsi dire la première place du champ des médailles, on y remarque souvent de petits types accessoires, très finement gravés, et qui sont placés là comme différents monétaires; ils étaient probablement laissés au choix du magistrat préposé à la fabrication de la monnaie, et faisait sans doute allusion à son nom ou à quelque circonstance particulière à l'histoire fabuleuse de sa famille.

Sur les tétradrachmes d'Athènes, trois femmes suppliantes à genoux (Ἱκετίδαι) font allusion au nom de l'archonte Hicesius. La massue d'Hercule (Ἡρακλῆς) accompagne le nom de l'archonte Héraclides. Les rois empruntèrent cet usage aux magistrats; le revers d'un tétradrachme de Démétrius Soter de Syrie nous montre la figure de Cérès, en grec Δημήτηρ.

On voit donc par ce que je viens de dire que le type des médailles des temps grecs était purement

---

(1) Plus tard, à Rome, on fabriquait des tessères obscènes que l'on distribuait dans les théâtres. Là il ne faut voir aucune intention religieuse, les pièces elle-mêmes le démontrent, car leurs types ne présentent que l'idée d'une débauche recherchée et n'ont rien de la gravité que conservent toujours les types archaïques, même lorsqu'ils nous montrent les actions les plus matérielles.

mythologique ; et si nous ajoutons que les rois ne parurent sur la monnaie que comme divinités, et que les types qui expriment le nom des peuples et des villes rappelaient aussi très certainement les mythes inhérents à l'origine de ces noms[1], on pourra poser en principe que, jusqu'à la prépondérance de Rome, la totalité des monnaies ne porte que des types religieux sans exception.

Rome, en adoptant les divinités de la Grèce, semble n'y avoir vu que des statues douées, malgré leur inanimation, d'une puissance supérieure. Il y a loin de là au symbolisme oriental qui reposait sur les idées les plus profondes. Les villes avaient adopté chacune une forme de la divinité ; Rome se les appropria toutes, et, pour augmenter cette collection, elle créa de nouveaux dieux, parmi lesquels elle se plaça elle-même, ainsi que son sénat. La Grèce déchue, répudiant ses vieilles divinités protectrices, célébrait sur ses monuments, sur sa monnaie, le sénat et le peuple par excellence. Les figures caractérisées par les inscriptions Ἱερὰ Σύνκλητος, Ἱερὸς Δῆμος, devinrent les types de toutes les monnaies. Bientôt après la bassesse, la déjection de la Grèce amenèrent une nouvelle sorte de type sur sa monnaie, l'effigie des empereurs, non pas, comme celle des anciens rois, cachée sous les traits des dieux, mais hu-

______

(1) Ce sont des chèvres qui sauvèrent la ville d'Egire lorsqu'elle allait tomber au pouvoir des habitants de Sicyone. *Pausan.*, VII, 26.

maine, vivante et accompagnée du nom du personnage. Toutefois, et comme si les villes grecques avaient voulu atténuer la honte de leur soumission par le souvenir de leur gloire passée, le revers des médailles impériales représente les temples, les statues les plus fameuses, les acropoles, tous ces vestiges d'une époque de génie et de liberté qui ne devait plus revenir.

A Rome, vers la fin de la république, apparaît un type d'un caractère tout nouveau, le type historique; l'enlèvement des Sabines, la mort de Tarpeïa, l'alliance avec Gabes, le serment des chefs de la guerre sociale, la soumission du roi Arétas rentrent dans cette catégorie. Nous verrons plus tard quel développement le type historique prit sous les empereurs. Les types parlants se retrouvent aussi fréquemment sur les monnaies consulaires : la tête de Pan sur les médailles de Pansa; les Muses sur celles de Pom.Musa; un veau sur celles de Voc.Vitulus; un marteau sur celles de Val. Acisculus; les étoiles de la Grande-Ourse; *Triones* sur les deniers qui portent le nom de Lucr.Trio; la tête du roi Philippe sur les monnaies frappées par un magistrat romain de ce nom; le masque de Silène sur celles de Silanus; un maillet sur celles de Malleolus; une fleur sur celles de Florus. M. Ch. Lenormant a reconnu sur les deniers de la famille Titia la tête du dieu Mutinus Titinus[1].

(1) *Revue numismatique*, 1838, p. 11.

Mais c'est sous les empereurs que le changement de nature des types se fait surtout sentir. Le
type des médailles impériales, particulièrement
de celles d'or et d'argent, qui émanaient directe-
ment des empereurs sans le contrôle du sénat, est
en quelque sorte consacré à la famille souveraine;
c'est l'empereur, sa femme, ses fils, ses proches, leurs
actions, leurs vertus que célèbrent les monnaies,
où l'on voit rappelées par de pompeux trophées,
par de magnifiques arcs de triomphe, les moin-
dres victoires, des expéditions qui n'avaient pas
toujours été couronnées de succès. Aux sujets historiques viennent se joindre les types allégoriques;
c'est la prudence, la piété, la santé, l'abondance, le
courage, la libéralité de l'empereur; la pudeur, la
fécondité de l'impératrice. Toutes ces idées imma-
térielles, représentées sous la forme humaine, sont
caractérisées par des attributs et de plus expri-
mées dans la légende de la médaille. Ce sont ces types allégoriques qui ont induit en erreur les antiquaires lorsqu'ils ont voulu expliquer les types
plus anciens; mais ces abstractions personnifiées
sont essentiellement propres au génie romain et
ne doivent pas être cherchées ailleurs que sur les
monuments qu'il a produits.

On doit remarquer que vers le milieu du III⁰ siècle, alors que les révolutions se multipliaient et
que les empereurs se succédaient rapidement,
élevés et renversés presque aussitôt par la garde
prétorienne, les types de la sécurité, du bonheur

des temps et de la fidélité des troupes se repro-
duisent continuellement. Quelle était donc leur
valeur : un heureux présage ou une affectation de
confiance? Toujours est-il que les événements en
ont fait autant de mensonges. Un type encore que
nous ne devons pas oublier, c'est celui de la con-
sécration, qui revient inévitablement à la mort de
tous les princes. C'est ordinairement un char fu-
nèbre ou le bûcher sur lequel on brûlait les corps.
Auguste, en déifiant César, avait donné un exemple qui fut suivi par tous les empereurs jusqu'à
Constantin, et que Julien critique amèrement
dans sa mordante satire des Césars[1]. Rien n'était
en effet plus propre à renverser le polythéisme
que l'admission au rang des dieux de monstres que
la société humaine ne pouvait conserver dans son
sein. L'Olympe escaladé par tant d'hommes, *les
dieux s'en allaient.*

Cependant le christianisme, déjà répandu sur
toute la terre, montait sur le trône impérial avec
Constantin; le signe de la foi chrétienne parut alors
sur la monnaie. Pendant quelque temps la croix
fut placée dans la main de la Victoire; victoire
toute chrétienne, il est vrai, puisqu'elle est figurée
sous la forme d'un ange, mais qui n'en est pas
moins un reste de l'art païen. Plus tard la croix
occupa seule le revers des monnaies, et lors du

(1) Θεῶν ὄντως Σωτήρων ἔργα δέοντα συνεφόρησεν οὗτος ὁ κο-
ρηλάστης, κ. τ. λ.

démembrement de l'empire, les souverains des nouveaux États la prirent pour type de leurs monnaies, qu'ils fabriquaient à l'imitation de celles de l'empereur.

Pendant le moyen-âge, le type indispensable, général, c'est la croix; symbole quelquefois politique, religieux toujours; c'est le principe et la fin de toute action; ornement variable à l'infini dans sa forme, c'est la base presque unique de l'art. A plusieurs époques on trouve des monnaies qui ont pour type une croix sur chacune de leurs faces. Au ixe siècle, les rois français donnaient une tournure cruciforme au monogramme de leur nom qui sert de type à leur monnaie, s'effaçant ainsi devant le symbole de la foi. Un type qui parut à la même époque, et que nous devons mentionner à cause de sa longue durée, c'est le temple chrétien. La légende qui l'accompagne : XPISTIANA RELIGIO, ne laisse pas de doutes qu'on y ait vu, non pas un simple monument, mais cette puissante Eglise immatérielle à laquelle le Christ avait donné le grand apôtre pour première pierre.

Lorsque les prélats eurent obtenu des rois les droits régaliens, ils prirent ordinairement pour type de leur monnaie le saint patron de leur église. Quelquefois, à l'exemple des seigneurs laïcs, ils ne firent que copier la monnaie du souverain. C'est ici le lieu de dire un mot de l'imitation des types, qui introduisit sur les monnaies des singularités inexplicables pour qui n'aurait pas cette notion.

La conformité de types que l'on remarque sur les monnaies de quelques villes de l'antiquité tient, le plus souvent, à une communauté d'idées, de culte. Cependant il est certains cas où l'imitation servile est tout-à-fait sensible [1]. Au moyen-âge, où la monnaie était souvent la principale source des revenus de celui qui la fabriquait, on s'efforçait de lui donner le cours le plus étendu possible. Pour cela on copiait le type en vogue; que ce fût le florin de Florence, le gros de Tour ou le sterling d'Angleterre, peu importe. On conçoit facilement quelles bizarreries résultèrent de cette coutume. Des évêques et des comtesses se firent graver sur leurs monnaies, à cheval, en armure complète et la couronne royale en tête. Le pape Clément IV fut obligé de réprimander certains évêques qui copiaient la monnaie arabe avec le nom de Mahomet, tandis que les sultans de la race d'Ortok battaient des monnaies à l'effigie du Christ, de la Vierge et des empereurs [2]. L'introduction des armoiries sur la monnaie ne fut même pas un ob-

----

(1) Les tétradrachmes de Cydonia de Crète sont évidemment calqués sur ceux d'Athènes. A Pharsale de Thessalie, à Héraclée d'Ionie, on trouve des imitations de la Minerve attique.

(2) Une magnifique monnaie du cabinet de feu M. le duc de Blacas n'est autre chose que la reproduction servile d'un dinar du khalif Haroun Ar'Raschid, avec l'addition du nom du roi de Mercie, Offa II.

stacle à l'imitation[1]. De nos jours encore les petits souverains copient la monnaie des grands États.

Depuis deux siècles le type des monnaies, en général fort simple, est devenu fixe, c'est-à-dire qu'une fois adopté par un souverain, il se continue pendant toute la durée de son règne, et souvent même est adopté par ses successeurs. Bien des artistes ont émis le vœu de voir reparaître sur la monnaie les types variés et commémoratifs; mais cette rénovation ne se ferait qu'au profit de l'art seul. Quant à l'histoire, aux idées religieuses, elles peuvent se passer désormais de ce moyen de publicité. L'imprimerie est pour elles un auxiliaire bien autrement puissant; le changement continuel de type nécessiterait des dépenses énormes et n'atteindrait pas le but qu'on semble se proposer de laisser des monuments durables de notre histoire. La grande circulation de nos monnaies, les refontes qui en sont la conséquence inévitable, ne laissent subsister aucune monnaie d'un siècle à l'autre. Quand même Louis XIV eût fait retracer sur ses monnaies les nombreux événements de son long règne, ses écus n'en seraient pas moins décriés et détruits; les chefs-d'œuvre de Warin n'ont pas trouvé grâce devant le creuset niveleur du système décimal.

(1) Les seigneurs de Wezemale, de Mantoue, de Cugnon, d'Orange, d'Arche, ont reproduit sur leurs monnaies les trois fleurs de lys de France, sans s'inquiéter des droits qu'ils pouvaient y avoir

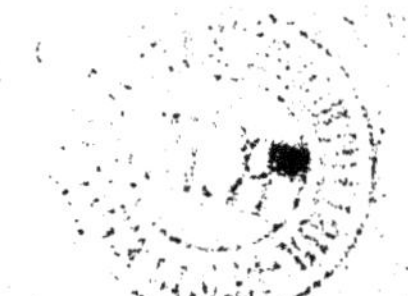